커피 한 잔의
고요가 깨어나면

그리하여 시(詩) 내리는 날은
이름마다 꽃이 피었다
이름마다 바람이 불었다

(   )님께

마음속에 갇힌 응어리나 주변의 아픔
만나는 어떤 것도 시로 담아
사유와 감성의 지평을 넓혀간 시집!
사막에 핀 꽃처럼 외로운 게 詩일지라도
서로 위로하고 공감하고 치유도 되길 바라면서
이 시집을 드립니다.

년   월   일

_____

● 추천사

천부적인 영감을 지닌 시인
정해란의 제4시집
『커피 한 잔의 고요가 깨어나면』

시인 · **수필가** 박 철 언

(변호사, 법학박사, 전)교수, 3선 국회위원, 장관)

  정해란 시인은 천부적인 영감을 지닌 시인이다.
  아이디어가 좋아 착상이 참신하고 사물의 속성이나 현상에서 찾은 본질을 자신의 정서와 감각으로 다각적인 표현을 할 줄 안다.
  기발한 상상력과 현대적인 언어 감각으로 어느 시공, 어느 소재든 시 아닌 것이 없을 정도로 새로운 시의 지평을 열어가고 있어 주목할 만한 시인이다. 이번 시집에서도 제6부에서는 한 달 이상의 산티아고 순례 여정에서 태동한 시로 지평을 넓혀 나갔고 제7부에서는 정 시인만의 시각으로 쓴 감상 시로 시집, 영화, 그림, 팝송, 올림픽 경기, 뉴스, 문학기행, 시평에까지 제3시집 『시간을 여는 바람』에 이어 감상 시의 지평 한 축을 뿌리내리고 있다.

특이한 소재로 현실 비판 시나, 문명 비판 시를 쓰기도 하는데 독자도 함께 생각해 볼 메시지가 담겨 있으면서도 해학과 풍자를 곁들여 재미있다. 무심코 지나칠 일상, 사물, 현상에도 관심과 사랑을 가지고 접근해 독창적인 감각으로 섬세하고 실감 나게 잘 표현한다.

깊은 고뇌 뒤 넓은 사유를 통한 신선하고 미학적인 상상력을 유기적으로 응축한 시, 시적 감성과 이미지를 탁월한 언어 감각으로 표현해 강렬한 인상이 남는 시, 시 속의 깊은 응시와 성찰이 독자의 내면도 성찰하게 유도하는 시, 의사 표현이 불가한 상황이나 대상을 직시해 그들의 입장을 대변하는 시, 그리하여 독자의 마음을 움직이는 시, 탄탄하게 글을 이끌어가는 주제 의식으로 메시지를 전해 강한 울림과 공감을 주는 시 등 정해란 시인님의 제4시집 『커피 한 잔의 고요가 깨어나면』으로 직접 만나보길 바란다.

2025년 7월 박 철 언

● ● ●

시인 · 수필가 **박철언**

변호사, 법학박사, 전)교수, 3선 국회위원

- 등단 : 1994년 〈순수문학〉 시 부문
- 수상 : 서포문학상 대상, 순수문학 대상, 세계문학상 대상, 시세계문학상 대상, 영랑문학상 대상, 문학세계문학상 대상, 김소월문학상 본상, 한국문학사를 빛낸 문인 대상, 윤동주문학상 수상 외
- 저서 : 등단 30주년 기념 제6시집 『바람을 안는다』 『바른 역사를 위한 증언 1, 2』 외

● 시인의 말

"그리하여 시(詩) 내리는 날은
이름마다 꽃이 피었다 이름마다 바람이 불었다
시가 사막 한가운데 핀 꽃이라 할지라도"

시(詩)는 꽃이었다
몸속 그리고 몸 밖 수많은 길에 불을 켜는 일
그리하여 길이 또 다른 길을 열게 하는 일
시는 삶의 마디마다 모퉁이마다 피는 꽃이었다
아픈 시대를 함께 아파하며
향기를 다물어 버리고 식어간 적도 많지만
시대에 앞서 흔들리며 희망을 주려 먼저 웃는 꽃
눈물겹도록 낮고 힘든 삶으로 시선 내리기도 하지만
대자연에 몸 맡겨 통통 튀는 여행길에서도 피는 꽃
시는 바람이 피워내는 꽃이었다

동시에 시는 삶의 이곳저곳을 진맥해
상처를 다독여 주고 치유해 주는 바람이었다

800km 산티아고 순례길 33일간
나폴레옹이 갔던 그 길, 프랑스 스페인 국경을 넘던
그 후들거리던 순간의 체취를 훑고 간 바람으로도
스페인 메세타 평원의 등 밀어주던 초록 바람으로도
수많은 불가능을 가능하게 길 열어준 바람
이후 포르투갈과 지브롤터 해협 건너 모로코까지 불어온 바람

어디를 가든 삶의 동선 따라 불어온 바람의 눈,
시적 상상 속에 불던 바람의 눈이 결국 시로 일어섰다

상황상 말할 수 없는 입, 들을 수 없는 귀를 대신 열어
눈과 귀와 입이 되기도 하는 시
시집, 영화, 그림, 팝송, 올림픽 경기, 뉴스, 문학기행,
시평을 만났을 때의 감상 시까지

그리하여 시(詩) 내리는 날은
이름마다 꽃이 피었다 이름마다 바람이 불었다
시가 사막 한가운데 핀 꽃이라 할지라도

이 시집을 발간하기까지 도움을 주신 모든 분께 진심으로 깊이 감사드립니다. 이 시집이 독자들께 공감과 위로를 주면서 동시에 치유까지 되길 감히 바라면서 감사의 마음 미리 전합니다.

♣ 산티아고 순례 관련 시는 기다리시는 독자분들께 죄송하지만 한정된 지면상, 남은 시는 다음 시집에 수록하게 됨을 양해해 주시면 감사하겠습니다.

2025년 7월 시인 정 해 란 드림

제1부
마침내 봄

● 추천사 _ 시인·수필가 박철언
● 시인의 말

마침내 봄 __ 17
사각 바다를 말다 __ 18
옹이, 얼룩에서 무늬로 __ 19
서재의 방생 __ 20
바다, 모든 길 품은 __ 21
소리의 날 __ 22
커피 한 잔의 고요가 깨어나면 __ 23
거룩한 고양이 __ 24
두부, 서 있는 사각 액체 __ 25
장미, 꽃의 언어 __ 26
여름비 변주곡 __ 27
창 14 __ 28
봄꽃, 하늘 여는 열쇠 __ 29
실종된 내 詩를 찾습니다 __ 30

제2부
더위의 심장을 쏘다

더위의 심장을 쏘다 _ 33

수국, 너의 시간 속으로 _ 34

새소리가 물고 온 숲 한 채씩 _ 35

깨진 이름의 부활, 씨글라스(Sea glass) _ 36

연둣빛 수혈 _ 38

여름 소리의 빛깔 _ 39

몸, 각도의 집 _ 40

수직으로 꺾인 죽음 _ 42

이파리들의 윤회 _ 43

물의 무기 _ 44

지금은 로딩 중 _ 45

단풍과 낙엽 사이 1 _ 46

단풍과 낙엽 사이 2 _ 47

단풍과 낙엽 사이 3 _ 48

동거 중 _ 49

쉿! 겨울나무의 동면 _ 50

제3부
시의 날개, 메이데이, 메이데이

시의 날개, 메이데이, 메이데이 __ 53
구름, 흐름과 멈춤 사이 __ 54
책의 간택 __ 55
메타 사피엔스는 공중 부양 중 __ 56
커피믹스, 미뢰(味蕾) 건드리다 __ 57
김, 사각 바다 향기 __ 58
하얀 두통(頭痛) __ 59
시대를 짖는 견격(犬格) __ 60
봄맞이 스타일러 __ 62
기후의 오작동, 폭염 __ 63
간판들의 생존법 __ 64
산불의 혀 __ 66
한글, 쏘아 올리다 __ 68

제4부

바람으로 다녀간 그대

바람으로 다녀간 그대 __ 71
첫!, 하얀 폭력 __ 72
해안선에선 부러진 바람도 둥글게 분다 __ 73
폭우의 입 __ 74
흐르는 달 따라 __ 75
저무는 나무의 무소유법 __ 76
마지막 벚꽃 연가 __ 77
밤을 위한 서시 __ 78
내 마음의 가을 들판 __ 80
별명 대방출 __ 81
말 속에 내리는 눈(雪) __ 82
바람이 가는 길 __ 83
모로코, 파랑의 파랑(波浪) __ 84

제5부

저물지 않을 시절의 이름들

책 __ 87

물 __ 88

저물지 않을 시절의 이름들 __ 89

오르골 속 시간 __ 90

투명한 물의 뼈, 눈부신 얼음 파도 __ 91

치매, 시간 속으로 굳어가는 __ 92

그대가 불어온다 __ 93

병상의 독백 __ 94

눈 내리는 날, 지층 밖 시간 여행 __ 95

상복 입은 교육 __ 96

제자들의 손 편지 __ 97

내 웃음 무료로 나눠드립니다 __ 98

봄 햇살로 흐르는 식사비 __ 100

제6부

산티아고 순례,
길에서 배우는 길

산티아고 순례 여정 _ 103
산티아고 순례, 길에서 배우는 길 _ 104
순례길 출발 _ 106
숲속 까미노 _ 109
노란 화살표, 지상에 뜬 별자리 _ 110
산티아고 숲길 로그인하다 _ 111
치유의 숲 _ 112
내 몸 보고서 _ 113
도착, 콤포스텔라 산티아고 대성당 _ 114
가장 위대한 이름, 발 _ 116
발에게 주는 상장 _ 117
순례길의 바람 _ 118
길의 열쇠 _ 120

제7부

감상 시
시(詩)에서 부는 바람,
바람이 열어준 시

시(詩)에서 부는 바람, 바람이 열어준 시 __ 123
흩뿌린 핏방울 모아 쓴 역사 __ 124
눈물 한 방울로 피어난 세상 __ 126
녹슨 선율의 파란 눈물 __ 127
감정의 저편, 똘레랑스가 읽히는 시 __ 128
곡선의 왼쪽, 무채색의 안쪽 온도 __ 129
머물러도 벗어나도 다면체로 빛나는 __ 130
과녁, 금빛 무혈 전쟁의 심장 __ 131
문, 입을 다문 벽 __ 132
시린 시대 딛고 핀 봄 __ 133
시평(詩評), 시의 날개일까 지느러미일까 __ 135

제1부

마침내 봄

마침내 봄

눈물 어린 예각만 품은 겨울 산
언 발 묶인 무게로 건너와
희미해져 가던 동맥도
밝게 두근거리게 하는 봄

웅크려 접혔던 무수한 생명들
잊혔던 푸른 호흡 돋아나고
마른 색깔마다 고였던 이름들
힘차게 불러내 숲을 돌린다

길 잃은 꽃들 꿈 열어주려
멈췄던 나침반의 분주해진 흐름
흙 속 움과 햇살의 자기장 끌어내니
통통 튀는 음표로 일제히 벙글어 오른다

겨우내 기생하던 우울한 그림자
하얀 이불 홑청처럼 말갛게 헹궈
파란 하늘가에 한나절쯤 널어보자

마침내 山河 곳곳에 웃고 있는 봄

사각 바다를 말다

썰물과 밀물이 남긴 사각 흔적
바람과 햇볕의 교차로에서 깨어나
얇게 누운 채 익어가는 바다

한 장 한 장 변신하는 김의 얼굴
색색의 야채, 고기도 나란히 누우니
돌돌 말리는 사각 바다

자른 단면이 피어난 식탁의 꽃
한국을 넘어서서 K푸드로 건너가니
김밥처럼 줄 서서 기다리는 세계인들

오늘도 파도와 태풍의 무늬가
물의 건더기로 납작하게 눕는다
사각 바다가 둥글게 만 김밥
세계인 입맛도 함께 말리는 걸까

옹이, 얼룩에서 무늬로

폭풍, 폭염, 폭설
선을 넘어선 것들이 계절마다
나선형으로 찌르는 횡포의 무게를 솎아 낸다

새로운 가지 강하게 키우려
손상된 가지 스스로 잘라내는 얼룩진 흠
스스로 닫아버린 몸, 옹이

상처에 숨은 눈물만큼 강하게 굳은 옹이
나무의 안팎 주파수 조율하던 둥근 문이었다가
눈뜨지 않으려 스스로 봉인한 눈이었다가
나무마다 품게 된 이력서일까 자화상일까

얼룩이 무늬로 되살아날 때
비로소 아픔 벗는 우화(羽化)*로
아름답게 비상하는 옹이

결별의 힘든 숨결 기도로 겹겹이 모여야
아름다운 무늬로 날아오르는 걸
박제된 시간 건넌 후에야 봅니다

*우화(羽化) : 번데기가 변태하여 성충(成蟲)이 되는 일.

서재의 방생

우리들의 청춘, 아이들의 유년
눈 밝혀 어둠 열어주고
가도 가도 미욱한 밤
갈래 잡아 희망 열어준 책

몇 년 동안 꽂혀있던 길들이
우르르 책장 밖으로 나와
가로로 급히 포개 눕는다
수십 묶음 시간의 단층이 되어

서열도 빛깔도 덜 매겨지고
책의 접힌 귀도 덜 열렸는데
시대가 밀어내 떠나는 책의 길

가족들의 인생관과 세계관까지
꽂힌 책처럼 바로 세워주고
때론 꽃길로 때론 사색의 길로
새로운 책의 산실(産室)이 된 서재

수년 묶여 고인 길 풀어주니
자유롭게 길 찾아 떠나라
놔 버리면 더 넓게 흐를 생명아

바다, 모든 길 품은

들어가는 길, 나오는 길
모두 품은 바다

물속 온갖 생명 키우면서도
물 밖 온갖 생명 뒤흔드는 바다

폭우엔 지상의 모든 물길 품었다가
가뭄엔 몸 기울인 햇살 따라
끝없이 보시하는 반짝이는 저 숨결들

생명이 새로운 생명을 낳고
길이 새로운 길을 부르는 바다
그 길의 어디쯤 우리가 있을까

소리의 날

날은 칼과 가위에만 머무르지 않는다
밤을 베어내는 시퍼런 날
모조리 토막 난 잠

숨소리마저 날을 세우니
공기층마다 유유히 떠다니며
불면의 숨결을 층마다 베어낸다

토막 나 부유하는 의식의 편린
과거와 미래까지 떠다니며
불려 나온 온갖 사유
얼마나 긴 시간 떠다녔을까
잠그고 들어갈 수 없는 밤의 문

박차고 나오니 시(詩)의 문이 열린다
문득 깨어나는 날것의 문장들
서서히 날개를 펴 산화되는 소리의 날

하늘에서 마음껏 유영하다 보니
꿈결인 듯 희미해지는 북극성
날 달린 시간도 비로소
발 내린 채 몽롱한 꿈길을 걷는다

커피 한 잔의 고요가 깨어나면

한 잔 속
굳어가던 잠긴 사유의 등뼈가
가끔 고래처럼 요동친다

그릇 속에 묶인 액체가 향으로 풀려나면
빙산도 뿌리의 정체를 드러내는 밤
들이키는 한 모금에
방향키도 급선회할 수 있는 인생길

잠들었던 표정이 깨어나면
그리움도 외로움도 피어오르지만
사유의 능선이 자라나면
대륙과 대양, 시간을 넘나들다가
표류하던 생각이 책으로도 일어서는

한 잔에 고여있는 인연과 인생
장조나 단조로 흐르는 삶의 방향
순간과 역사를 흔들기도 하는

커피잔 앞 사색과 결정이
나라의 운명도 쥐고 있어
얼음장 속 총구도 열게 하는
작지만 한없이 큰 한 잔의 힘

거룩한 고양이

눈동자 속에 무슨 생각이 구를까
페르시아 시절 도도한 여신 자리일까
주인 관심 끌어내려는 애처로움일까

덜컥 잡히는 이 물컹한 체온 속
긴 시간 외로웠을 푸른 울음
몇 토막 여린 고음으로 깊이 스며온다

날씨의 방향을 미리 읽는 예지력으로
지중해 무역선에 늘 탑승했다던 예언자

모든 식욕 비워버린 채 죽음으로 다가가
무소유로 길 떠나려는가
이별할 수 없는 거룩한 이름

두부, 서 있는 사각 액체

잡히지 않던 흐름이 멈춰
모서리마다 직각을 문 채
하얀 직육면체로 굳어간다

형체를 바닥까지 해체하고서
다시 태어나도 변함없는 DNA로
선조 때부터 건강을 지켜왔던

한없이 물컹하지만
절기마다 단단한 근육 심어줘
이 땅 지킨 위대한 식물성 힘

둥근 몸을 풀어 액체로 흐르다가도
자리 잡는 데는 이유가 있다
직립으로 멈춰 선 사각 액체엔
미래로 가야 할 길이 보여서일까

장미, 꽃의 언어

밤새워 별빛, 달빛 끌어모은 이슬
햇살에 스며 제 몸 사라진 자리마다
꽃잎의 활자를 힘겹게 더듬어
송이마다 붉은 절정 피워 낸다

고인 통증과 핏빛 울음
안으로 안으로만 삼키고
줄기마다 가시로 매단 채
고귀한 향을 키우는 장미

5월의 꽃의 언어
눈물과 향을 품고 있는

가시에 찔린 투명한 바람의 상처만
꽃 피울 이유로 아픈 채 떠돌다가
향 나누며 치유의 신비 열어, 마침내
하늘길로 오르는 꽃의 언어, 시의 꽃

여름비 변주곡

한 계절을 채집한
감정을 연주한다

서로 다른 빛깔로 엉킨 감정들
방울방울 푸른 음표로
공간을 수직으로 미분한다

음표가 부딪히는 순간
지나는 바람 몇 줄기는
맑고 높은 현으로,
팽팽하게 짙푸른 나뭇잎은
중저음 초록 건반으로
물빛 오선을 유영하듯
밤새워 밤을 탄주한다

투명한 변주곡 너머
덫에서 풀려난 몇몇 감정이
정체된 계절을 민소매 원피스로
비로소 시원하게 건너고 있다

창 14
— 휴대폰, 봄으로 부활하다

한 겹 한 겹 언어의 심장을 해독한다
아직 체온이 남아있는 말의 맥을 짚어
불을 다시 밝혀준 창, 휴대폰

키 낮은 보랏빛 불꽃 뿌려두고
흔들리는 자운영 들판 넘어
표표히 사라져가려는 그대의 뒷모습

가슴에 자성(磁性)* 심어두고
가끔 자기장 테두리에 서성이며
굳어가는 화석을 두드리는 그대의 언어
그때마다 푸른 싹 돋아나는 창

성큼 들어왔던 말들의 발자국
자성 따라 창 속에서 불어오는
꽃의 언어, 바람의 언어

창, 봄으로 부활하다

*자성(磁性) : 자석에 끌리는 성질.
*자기장(磁氣場) : 자석이나 전류에 의해 자기력이 작용하는 공간.

봄꽃, 하늘 여는 열쇠

봄 하늘은 몇 번이나 열릴까
꽃의 숨결마다, 향기의 바람결마다
뭉클한 빛깔이 흐른다

봄꽃은 하늘을 여는 열쇠
햇살보다 빠르게 두근거림이 열리니
멈췄던 詩도 겅중거리며 시간을 달린다

달뜬 시선 무심한 듯 접으면
호수 수면이 열어주는 하늘
물길까지 밝혀 피어나는 이름들

망각과 윤회의 소실점 지나니
눈감아도 나풀거리는 꽃의 속살
하늘 한 송이 마음에 피어난다
마음 한 송이 하늘에 피어난다

실종된 내 詩를 찾습니다

키는 바람 불 때마다 달라져
알 수 없어요

얼굴은 직지의 얼이 깃든 사각형이지만
가끔 감성 수치를 벗어나
표정은 제각각이랍니다

성격은 고요한 듯하지만
한번 생각의 고삐 풀리면
시간당 두 편의 시(詩)도 마구 쏟아내요

혈액형은 자유형이라
평생 부족하거나 응고될 일이 없어요

시력은 때론 몽골인보다 밝고
때론 달팽이처럼 명암만 겨우 구분해요
시의 길을 찾는 데는 아직 쓸만하지요

사례금은
여러 삶의 응축된 여정이 담겨
집 한 채 값이랍니다
바람의 집값을 어찌 환산할 수가 없어서요

• 시작 노트 : 노트북 바탕화면 폴더에 저장해 뒀던 시를 정리하던 날 통째 없어져 그날의 안타까움을 전단지 광고 형식의 시로 표현함.

제2부

더위의 심장을 쏘다

더위의 심장을 쏘다

어느 폭포의 등허리 뚝 잘라
그대의 침대 밑에 넣어줄까

북해도 도야호의 서늘한 가슴 한쪽 베어
그대 뒷목에 걸어 줄까

청록으로 반짝이던 플리트비체 호숫물
폭포의 요정까지 한 움큼 떠서
그대의 정수리에 부어줄까

악마의 목구멍까지 품은 이과수 폭포
그 장엄한 물줄기의 심장을 빼내어
더위로 파인 그대의 심장에 퍼즐 맞춰볼까

그리하여 아이슬란드 우렁찬 굴포스 폭포
장엄하게 피던 무지개 한 조각까지
서로의 가슴마다 시원하게 피어났으면

수국*, 너의 시간 속으로

열매 맺을 꽃은 못 피워도
수십 마리 나비 날갯짓 숨죽인 꽃잎으로
시간을 둥글게 쌓아가는 꽃

토양 성분으로 바뀌는 얼굴색
하얗다가 푸르다가 붉어져도
진심 담은 꽃이 응시하는 눈동자
변함없이 당신만을 바라본다

그 오랜 밤 머금은 물기마다
그리움 담은 눈물 되었나
모든 눈물의 무게 삼킨 날
수십 장 나비의 꿈 모아 꽃피운다

고귀한 향 올린 풍요로운 한 송이 꽃
수국, 너의 이름, 너의 시간 속으로
내 마음도 물이 되어 둥글게 스며든다

---

*수국의 꽃말은 색상에 따라 다른데 사랑과 진심을 상징하기도 함.
 물을 좋아하고 토양의 산도에 따라 꽃 색이 변하는 특징이 있으며
 대부분 열매를 맺지 못함.

새소리가 물고 온 숲 한 채씩

초여름 아침
방울방울 흩어지는 맑은 새소리
밝아진 이파리마다 딛고 다니더니
감각마다 혈관마다 구석구석
진초록 향으로 또르르 흐른다

말 못 할 어둡고 습한 상처
불안하고 놀란 마음의 부스러기
대답 없는 긴 아픔
닫힌 몸 쪼면서 들어온 새 소리에
함께 씻겨가는 삶의 그늘진 부표들

빈 마음마다 뿌려지는 새소리 음표
초록 노래로 한 잎 두 잎 돋아나
지상과 천상 맘껏 이 계절을 넘실거린다

어떠한 묶임과 고임도 없는 새소리
고층의 고립도 사람 사이의 벽도
바닥까지 모두 열라고
아침마다 숲 한 채씩 물어 나른다

깨진 이름의 부활, 씨글라스(Sea glass)*

모난 어제가 투명하게 읽히는
둥글게 빛나는 오늘, 바다 유리

고온과 냉각 사이 굳어져 간 유리병
각각의 사연 담긴 용도가 폐기되니
접혀있던 운명이 깨진 모서리들
파도칠 때마다 하소연하며
바다를 찌른다

물고기 붉은 울음 그어 아픔 묻고
해초 베면서 서러움 토해내며
파도의 정수리까지 올랐다가
물의 뿌리까지 휩쓸리기 몇 번이던가

해체된 이름으로 돋아난 모서리마다
바다의 온갖 기후 통독하며
달과 태양의 인력, 원심력까지 새긴
그 오랜 매일
어루만지고 달래주던 파도의 위로
몸속 생채기까지 다 삼켜준 바다

깨진 이름 바다 유리
모난 어제의 오랜 인고가
둥근 오늘로 그 용도가 반짝이니
생명의 빛깔 새 이름으로
내일을 입적한다 Sea glass

*씨글라스(Sea glass) : 바다에 버려진 유리가 깨지고 풍화되어 형성된 유리 조각들로, 매끈매끈하고 둥근 모습과 알록달록한 색 때문에 바다의 보석이라고도 불림.

연둣빛 수혈

이파리 뚫고 달려온
연둣빛 햇살 촉마다
베란다 유리창 너머
창백한 거실을 수혈한다

겨우내 몸살 앓던
현기증 나는 집집마다의 혈관 찾아
흔들림 없는 정확한 착지로
끊긴 숲의 호흡 다시 돌려줬을까

온몸이 연둣빛으로 물든 집
숲속의 혈색 되찾으니
발랄해진 집의 표정과 리듬
이미 봄의 중턱이다

여름 소리의 빛깔

한여름을 꽉 베어 문 소리
퉁퉁 불었던 장마가 끝나니
물었던 여름을 밀어낸다

아파트 단지 안 나무와 풀 사이
숲속 같은 청량한 소리가
이슬방울 무게까지 털면서
대나무의 마디도 열려나 보다

이파리 진초록으로 세우는 풀벌레 소리
열린 빛의 번식을 꿈꾸는 매미 소리
무성한 도시 소음 튕겨버리는
이름 모를 새소리의 빛깔까지

오선 밖으로 벗어난 빛깔들
절대 고음의 자기장 넓혀
맘껏 목청 높여 자라난다
쉼 없이 기어오르는 폭염의 등짝 후려쳐
반경 밖으로 밀어내는 여름의 절창

그린과 코발트블루 경계를 오가면서
숲속과 바다를 자맥질하는 소리의 빛깔
여름과 가을 사이를 몇 번인가 오가며
어떤 소리의 빛깔 불러올까

몸, 각도의 집

태생 직후엔 바닥에 누워 없던 각도가
바닥과 평행으로 기어가기 시작했다
수직으로 일어설 즈음 태어난 힘마다
어김없이 같은 동선으로 사는 각도

수없는 승패와 인생을 좌우하는
공 패스와 골대까지의 각도
몸 안에서 나온 몇몇 각도가
골프채, 탁구, 배드민턴 라켓에도
보이지 않는 고삐로 이어져
몸 밖으로 날아가거나 굴러간다
몸 안에서만 자라나 기록을 넘어 변신하면서
운동 종목과 메달 색깔도 달라지는 각도까지

글씨의 필체도 그림의 선도 선율의 하모니도
뻗어가거나 뿌리내린 각도의 발 빠른 진화
건강과 부상의 갈림길에도 숨어 사는 그들
그 각도 사이에서 웃음과 눈물이 나뉘는

운전대에 옮겨가 때로 사고를 부르는 각도
병과 죽음이 내리꽂는 마지막 각도

모든 각도를 풀어버릴 때
태생 직후처럼 다시 바닥에 눕는 걸까
지금 당신의 각도는 몇 도쯤인가요

수직으로 꺾인 죽음

하늘 로드킬(roadkill)*
투명한 것들은 날갯짓을 부른다

수직으로 꺾이는 새 울음
투명방음벽 사각 유리 덫에
갈 길 막혀 초란처럼 깨졌다
제 속도에 베인 새의 숨소리
체온도 그 높이에서 떨어졌나 보다

반사된 자연 풍경이 미끼였을까
정면을 보기엔 양쪽 눈은 너무 멀고
70km 속도는 너무 빨랐나 보다
수직으로 낙하하는
속도에 치인 잇따른 주검

천적을 피해 올라간 하늘은
더 이상 자유가 아니었다
유리 덫이 곳곳에 포진한 그곳
방음벽도, 고층 건물유리창도
투명한 천적들은 날기 좋은 높이만큼은
쉬지 않고 자라고 있다

*로드킬(roadkill) : 동물이나 사람 등이 자동차에 치여 죽는 것을 의미함.

이파리들의 윤회

계절이 한 바퀴 도는 윤회 속
머무르던 것들을 읽어봅니다

이파리마다 스며든 날씨
초록 햇볕에서 폭염의 횡포까지
산들바람에서 태풍의 입까지
보슬비에서 폭우의 무게까지

이파리마다 쓰인 빛깔
연초록 생명에서 진초록 그늘의 위로까지
찬란하게 붉은 시부터 갈색 고요까지

잎맥마다 흐르던
작지만 위대한 힘과 질서 속
소리 없이 저물어 가는 생명 한 잎
숨어있던 은유도 귀향할 때입니다

입 닫아버린 겨울나무
잎들의 연둣빛 이름 다시 부를 때까지
모든 걸 다문 채 묵상하면서
생명을 또 다른 생명으로 건네나 봅니다

물의 무기

양수에서 빠져나온 생명의 시작
일생을 온몸 순례 중인 물
몸의 형상으로 숨어 있었구나

몸 안에서도 밖에서도
떠날 수 없는 그대
평화로운 생명의 눈금, 물방울들

정체전선의 침묵은 늘 불안하다
물 밖으로 한꺼번에 튀쳐나오는
폭우에 숨은 무수한 무기들
물 호스가, 물 폭탄이, 물벼락이

움푹 파인 삶들만 속살까지 찾아
날마다 사방에서 찌르는 물
투명한 공격의 투명한 아픔들
흘러넘치다 익사하는 평화의 눈금들
하늘이시여 이제 그만 무기 거둬 주소서

지금은 로딩 중
― AI 챗봇 GPT 어디까지

선을 넘어선 지 얼마나 되었을까
문명의 벽 틈마다
AI의 촉수가 뻗어 나온다

인간들만의 리그 하나씩 뺏고
정수리 위에 올라선 그들
편리하고 신속한 채널이
곳곳에서 기생할까 주도할까

예술가의 경계까지 넘나들면서
친밀한 듯 교묘하게 접근하다가
기우뚱 위태로운 창의성의 지축

스쳐 갈 것인가 스며들 것인가
흐르던 구름도 지금은 로딩 중

단풍과 낙엽 사이 1

아직 매달려
제 빛깔 지키는 잎도
중력 따라 남김없이
무게를 벗는 잎도
모두가 눈물겨운 사랑 아닐까

단풍과 낙엽 사이 2

울음소리의 공명으로
단풍이 낙엽 될까 봐
새들의 울음도 잠시 쉬는
고요한 가을의 내리막길
머물러 매달린 눈물 어린 단풍에
함께 숨죽여 봅니다

단풍과 낙엽 사이 3

계절마다 삼켜온 눈물의 무게
가장 높게 빛나던 이름
긴 적요 속으로 놔 버리니
생과 사의 경계를 지나는 소리 없는 낙화(洛花)

동거 중

사이사이 끼어드는 광고
어느덧 초입부터 길을 막는다
간절한 구애에 거부하기 힘들어
동거하기로 돌린 마음

음성으로, 자막으로, 영상으로
AI 보이스는 물론 캐릭터까지 방문해
문을 열 마력을 쉴 새 없이 뿌려대다니

선을 넘고 시간을 넘더니
국경도 지구도 거뜬히 넘는 너
교묘한 변신으로
꺼지지 않는 강압으로
매체마다 숙주가 되어 뿌리 뻗는 너

오늘 밤 허락도 없이
불쑥 끼어들어 동침까지 요구한 너

문명이란 이름, 이 시대의 홍수
정보의 강물마다 끼어드는 광고의 물줄기
그 끝없는 유입에 강물도 어지럽다
동거도 강물처럼 역류가 없나 보다

쉿! 겨울나무의 동면

새들에게 공중 쉼터를 내주던
나무는 동면 중

하늘거리던 푸른 기억 몇 장이 내준
시원한 그늘도 동면 중

가지와 뿌리 뒤흔들던 바람
그 무법의 이력도 동면 중

그 동면으로 들어가면
깜깜한 듯 밝은 마법의 공간
계절마다의 상처 치유해 새순 돋게 할
다정하고도 신비로운 여신
만나볼 수 있을까

제3부
시의 날개, 메이데이, 메이데이

시의 날개, 메이데이, 메이데이*

시의 날개가 어지럽다
온통 난기류로 구토 중인 한반도
메이데이, 메이데이*

이념의 깃발이 등진 채 오열하더니
편견과 혐오의 양 끝 날에서
방향을 자꾸 잃어가는 이정표

뉴스와 집회와 유튜브와 단톡방
곳곳에 장전된 총탄과 포탄
범람하는 날 것의 말, 말, 말들
기우뚱거리는 날개로
민주주의마저 불시착 되려나

유배지 같은 시베리아 기단 벗어나
봄빛 번져가는 민들레 영토 위
시도 하얀 홀씨처럼 가볍게 떠올라
어느 곳이든 맘껏 날갯짓했으면

---

*메이데이 : 경찰, 비행기 조종사, 소방수, 운송 기관 등 여러 단체에서 생명이 위급한 상황에 쓰는 만국공통의 국제적인 구난 요청 신호 중 하나임.

구름, 흐름과 멈춤 사이

바람과 또 다른 물이 흐르다 멈춘 구름
뭉치거나 흩어진 것들이
눕거나 서서 쓰는 하얀 평화 몇 점

광활한 설원이었다가
파도가 쏟은 포말이었다가
부드러운 곡선 품은 조각상이었다가
유화로 수채화로 담채화로
풀었다가 엉켰다가 고였다가
휘돌기를 몇 차례던가

세기의 명화를 그렸다가
그 가을만의 서사를 쓰다가
웅장한 오케스트라를
소리 없이 하얗게 연주한다

각기 달리 해석하는 마음의 지도
말갛게 혹은 수십 층으로
다른 깊이를 드러내면서
그해 늦가을을 향해 달리고 있다

책의 간택

읽어야 할 수많은 책이
서재 책꽂이에서 걸어 나와
거실 탁자에 누워 시위하고 있다
아직 덜 끝난 주인과의 시간 협상

어느 날은 기다림이 몇 층씩 올라가고
어느 날은 책 한쪽의 접힌 귀로 무릎 꿇은 채
주인의 시간을 기다리기도 하지만
밤새워 읽던 습관은 어느 밤길 헤맬까

그 밤 왕에게 간택된 후궁처럼
며칠인가 달뜬 책들의 기다림
서로 성은을 받으려 온몸의 활자를
한껏 세워 빛을 뿜어 보지만
눈에 생포된 건 단 한 권의 책뿐

고요히 몰입되는 그 시선
지성과 탐미의 본능을 겹겹이 깨워
책의 건강한 척추 읽어 나갈 때
두텁게 입은 성은이 꿈틀거리며
책봉의 꿈으로 올라서고 있다

메타 사피엔스*는 공중 부양 중

공중 부양하여 발 딛지 못하는 신인류
땅에서 몇 층 높이에서 태어나
학교도, 직장도 땅바닥을 벗어나 있다
수백 송이 흰 국화꽃으로 돌아눕는 곳
납골당도 다른 층수일 뿐 사라져가는 땅바닥
더 이상 돌아갈 고향이 없는
바다을 외면한 무수한 공중의 발들
동호수와 전화번호와 주민등록번호
난수표 같은 숫자들만 누르던 그들
비밀번호를 눌러야만
돌아갈 고향도 열리는 걸까
암호를 풀어야만 강보에 싸인 자녀 울음도 들릴까
휴대폰으로 꽃 이름을 찾듯
언젠가는 가족의 이름도, 그대의 이름도
검색해야만 부를 수 있으려나
공중에서 돌아갈 길 잃어버린 그들
스마트폰으로 연결된 접속의 숲에 갇혀
날로 울창해져 보이지 않는 공중파의 관계도(關係圖)
기억이 불 꺼진 땅바닥만 무수히 추락해 간다

*메타 사피엔스 : '가상'과 '초월'을 뜻하는 '메타(Meta)'와 '현 인류'를 뜻하는 '사피엔스(Sapiens)'의 합성어로, 현 인류를 초월한 새로운 인류를 뜻함.

커피믹스, 미뢰(味蕾)* 건드리다

그 절묘한 비율의 맛
커피, 설탕, 프리마 한데 섞여
우주를 몇 바퀴 휘젓는다

이 어질어질한 쾌감
출생지는 에티오피아 양 떼와 목동 사이
태양 빛 당겨 발아시킨 향과 맛
세계 무역량 두 번째 서열로
서양인에 이어 동양인까지 고삐 채우다니

원두 핸드드립커피 맛 20년의 교태에도
한 번 맛본 커피믹스 못 잊어
몇 초 만에 맛봉오리, 그 정수 짚는다

황금 비율의 정체는 여전히 안개 속
최고의 선물이 된 K푸드 커피믹스
커피 역사 이렇듯 휘저어도 되려나

*미뢰(味蕾) : 척추동물에서 맛을 느끼는 꽃봉오리 모양의 기관.

김, 사각 바다 향기

바다의 검은 사각 살갗
얇은 한 장에 잠든 일대기를 본다
수백, 수천 번 얽혀 짜인 파도와 태풍

바람을 몇 번이나 불러 세포로 앉혔을까
얇은 형체로 엎드려야만 살아남을 수 있어
햇빛 몇 겹이나 포개었을까

흔들리는 물결 속 기쁨과 번뇌
양분 한 장 한 장 사각으로 쌓고
흔들리지 않는 직각으로 앉아
바다의 이력 고스란히 기록해 놓은 사관(史官)

파도와 태풍에 수없이 뒤척이던 수평선도
편안하게 잠든 사각 바다향

하얀 두통(頭痛)

머릿속으로 난 하얀 길
여러 갈래 길이 한꺼번에 엉켜
갈 방향을 지운 채 멈춰 버린다

바람 한 점 없는 여름 한낮
시간이 멈춰 선 곳마다
나선형 통증만 무더기로 돋아나
의식은 뿌리까지 뽑혀 너덜거린다

그림자마저 꺼버린 나침반이 온통 하얗다
감각은 증발되고 체온은 놔버려
어떤 것도 붙잡을 수 없는 외줄 탄 길

낯선 통증으로 세포막도 흔들리니
가스실 같은 안개 망 속에서
세포핵마저 분열되어 가는 걸까

오후가 휘청거리는 길 없는 길
출구가 점점 멀어지던 어느 날
숨도 길도 온통 하얗다

시대를 짖는 견격(犬格)

고도비만의 눈금이
헐떡이는 숨소리마다 쏟아지는
반려견 산책 시간
동행하던 주인의 아침도 뒤뚱거린다

여름 햇살이 수직으로 일어서기 전
산책을 서둘러 마쳐야 할 텐데
긴 여름 식히려 빼낸 혀처럼
주인의 시간을 빼내는 반려견

독거노인의 고독사 그래프는 치솟는데
출산율 내리막의 기울기를 흔드는 것들
두 그래프 사이에 애완견 꼬리가 살랑거린다
부모가 보고 싶어 찾는 집이 아니라
반려견이 보고 싶어 찾는다던 집

슬기로운 애완견 생활을 터득한 종족
서류에만 빠진 완벽한 가족이다
때로 인격보다 견격(犬格)을 높여주니
서열 밖으로 밀려난 건 진짜 가족들

주인의 자유에 족쇄라고 느껴지면
언제든 delete 키가 작동하는 걸까
재개발로 사람들이 떠나간 빈터에
자식 기다리는 노모처럼
주인 기다리는 유기견 울음 가득

이 시대의 모순과 위선을
슬픈 눈으로 왈왈 짓는다

봄맞이 스타일러

외출과 외출 사이
거실 한쪽 호위병처럼 서서
구겨지거나 오염된 만남도
스팀을 쏘며 흔들면서 바로 펴
스타일을 잡아주는 너

오사카와 뉴욕의 어느 백화점 입구
모든 시선 사로잡던 그곳에서
높은 콧날로 서서 국격을 세워주던
L* 스타일러의 격조 높은 흔들림

바이러스, 스팀, 제습, 건조
삶의 구김살까지 모두 펴 주는 듯
그늘지고 어두워진 무게는 걸러내
향과 함께 전해지는 산뜻해진 선물
외출할 때마다 대기하는 키 큰 집사

계절과 계절 사이
한 번 잠깐 걸친 옷들도
비껴갈 수 없는 교체의 관문
몸의 기관마다 감각마다 낀 때들도
말갛게 헹궈내고 싶은 봄
몸 안 헹궈내는 스타일러도 나왔으면

기후의 오작동, 폭염

그해 기온의 상한선은
어떠한 경계도 없었다
꼭대기에만 구름처럼 떠 있는 한기
내려오지 않는다는 건 무자비한 폭력이다

눈동자를 잃은 채 숨 멈춘 날씨
덜어지지 않는 천형의 무게로,
기울지 않는 충실한 수평으로
서울의 밤이 뒤척이고 있다

문명의 스위치를 일제히 꺼볼까?
사각의 생명마다 아우성이다
단절되거나 묶인 채 사는 냉장고 속
수족관의 날숨도 각을 깰 듯 위태롭다
벽들이 입을 여니 소스라치는 일상들

문밖은 사방이 습식 사우나
흐느적거리는 수중식물들의 직립보행
이곳저곳 휘감는 물의 갈기
서로를 찌르는 고온의 가시
의식은 자꾸 중앙선을 침범한다
날씨의 오작동으로 가을은 아직 멀다

간판들의 생존법

길이 희미하게 열린 머릿속으로
선명하게 걸어오는 새벽 간판들

'커피무카 24' 카페
정겨운 경상도 아가씨 말투 되뇌며
뒤늦은 해독에 발랄해진 발길

'꼼장어 왕자 쭈꾸미 공주'
소주 향과 함께 지글거리는 음식 향에
풋풋한 연인들의 대화도 톡톡 튈 것 같은

'하얀 당나귀' 쇼룸
하얀 설원 위 당나귀와 나타샤까지
백석의 시 속 은유도 다 보여줄 것 같은

'순독살롱' 애완견 미용실
한컴바탕체로 무게 잡은 순정의 글씨체가
미용에 관심 둔 사춘기 소년처럼 귀 붉힌

밤만 되면 새벽까지
생존의 새순을 무성하게 뻗어야만 사는
온갖 표정의 소시민으로 걸터앉은 도시 간판

어떤 이유로 부는 바람이
불안한 내일로 깜빡일지 모르지만
각기 다른 가족의 목줄들이
도시의 목줄, 그 고삐도 쥐지 않았을까

산불의 혀

붉은 머리 꼿꼿이 들고 푸른 생명 삼키는
저 거대한 불의 혀
검은 살갗과 상처만 수의(壽衣)로 남기고
삶을 동강 내는 꺼지지 않는 불길

모든 걸 다 내주는 어머니의 품 같던
묵묵히 삶의 길 가르쳐준 스승 같던
온갖 허물도 공기처럼 가볍게 헹궈
구석진 세포막까지 맑게 하던 산

혀만 날로 무성하게 자라는 한반도 땅
독버섯처럼 강력한 무기가 된 말로
서로 뒤흔들어 휘청이는 국토
'세 치 혀'들에게 내리는 경고, 산불의 혀

산의 분노일까 불의 분노일까
너무 빠르고 깊은 산의 피 울음
땅속으로 기어드는 불, 날아다니는 불
한없이 커져 모든 걸 삼키는 불의 입

산이시여 불이시여 신이시여
어서 비 뿌리고 바람 거둬 저 아픔을 꺼주소서
더는 삶의 터전과 새들의 노래가 깨지지 않게
더는 역사의 발자취 그 기억까지 소각되지 않기를
영원한 안식으로 접어든 고인께 더는 불꽃 없기를

그을리고 타버린 시간을 어서 건너뛰어
다시 이어갈 뿌리와 씨앗의 희망 키워
모든 아픔이 치유된 山과 삶 되돌려주소서
프로메테우스*의 선물, 불의 선한 기억 되찾아
다시 아다지오*로 걷게 해 주소서

＊프로메테우스 : '먼저 생각하는 사람, 선지자(先知者)'라는 뜻.
  프로메테우스는 그리스 신화에서 제우스신이 감추어 둔 불을 인간
  에게 선물함.
＊아다지오 : 음악의 빠르기, 느리고 평온하게.

한글, 쏘아 올리다

왕이 만든 유일한 문자
홀소리 10자, 닿소리 14자의 만남
백성 사랑하는 마음 오롯이 담아
쉬우면서도 새로운 글자로 꿈틀거린다

문화의 뿌리는 '음양오행'에서 찾고
하늘, 땅, 사람을 모태로 글자 풀어내
철학의 날개 접고 태어난 한글

자판 입력 속도도, 유네스코에도
문자 올림픽에서도 금빛 꼭대기
가장 과학적인 글자가 여는 미래
모든 길은 한글로 통한다

세종대왕 높은 뜻 이어받아
후손들이 지킬 한글의 날개 펼쳐
세계를 향해 쏘아 올리다

＊k-포에트리 한영시집 『한국시 평화의 날개 날다』 수록.

제4부

바람으로 다녀간 그대

바람으로 다녀간 그대

투명하게 눈뜬 바람으로
그대가 또 다녀갔나 봅니다

층층이 생기 나부끼는 아침 산책길
소리 없이 색깔도 향기도 뱉어낸 꽃
한송이 고요한 낙화 속에도
그윽한 눈빛의 바람으로 다녀간 그대

봄비 내리는 저녁
어깨 나란히 걷던 우산 속
가슴 속 물길만 출렁이던 원형의 땅
젖은 바람으로 서성이다 간 그대

해 질 녘 외딴 절의 풍경소리
노을빛 수채화로 번져와
그리움으로 여윈 어깰 감싸며
뜨거운 바람으로 혈관까지 흔드는 그대

그대가 다녀간 곳마다
막혔던 감성의 통로가 열려
돋아난 푸른 詩가 온몸을 흐릅니다
그리하여 또다시 그리운 그대

첫!, 하얀 폭력

첫발자국의 설렘이 가닥가닥
폭설의 공포로 돌아선 건가요
무게를 못 견딘 것들이
자꾸만 무너져 내려요

하늘을 가려주던 것들이
하늘이 내린 무게로 가라앉는
첫!
생살 찢겨 내려앉은 나무의 울음 삼킨 눈
갈 길 막아 곳곳에 섬으로 솟아나다니

하얀 무게의 폭력으로
모든 길 지워지더라도
그대 새들처럼 포롱포롱
하얀 공포의 깊이를 털고 나와
힘껏 푸르게 날아올라 봐요

그대를 기다리는 하늘도, 길도
여전히 그 위치에서 빛나고 있어요

해안선에선 부러진 바람도 둥글게 분다

바다는 더 이상 외롭지 않다
풍요로운 생명 가득 품은 바다

어떠한 폭풍우와 태풍도
인력(引力)의 방향과 흐름으로 잠재워
모태 안으로 되돌아오는 바다

상실의 아픔이 해일로 차올라도
하루 두 번은 썰물로 빠져나가고
밀려온 위안의 손길로 잔잔해지는 양수

바다가 뱉어놓은 체증의 무늬
해조류와 조가비의 둥근 흔적
어떠한 생채기도 치유된 씨글라스
해안선에서 부러진 바람도 둥글게 분다

폭우의 입

물이 입 벌리니
지상 전체가 한 입감이다
소유도, 터전도, 생명도,
자연의 소리까지 풀린 경계

비에 씻겨 형형하게 눈뜬
빈부의 경계
서울 하층민들의 바닥이
저렇게 깊은 울음이었나

다물 줄 모르고
전 국토를 삼키려는 물의 입
등고선마저 하나둘 지워져 가니
현기증으로 기우뚱거리는 한반도

신이시여, 이제는
유실된 이름, 부서진 생명마다
잃었던 길 다시 찾게 하소서
모든 바람 이겨낸 풀잎의 생명력처럼
또다시 강인하게 일어설 힘 베푸소서

흐르는 달 따라

피어오르는 열정의 보름과
사그라지는 냉정의 보름 사이
날마다 모습을 바꿔 돌면서도
한 달에 한 번은 둥글게 꽉 채워
괜찮냐고 넉넉한 미소 짓는 달

아픈 기억들은 뒷면으로 돌리고
모두 잊어버리라는 듯
앞모습으로만 웃으며 다가와
유실된 만큼의 소원도 희망도 채워주는 달

밤마다 고요히 빛나는 감성으로
화가와 문인을 도발하고
그리움도 외로움도 서글픔도
모두 품어 주는 여신

돌고 돌다 보면
계절이 흐르고 해도 넘기는
달의 타원형 궤적 따라
인생도 역사도 함께 돌지 않을까

저무는 나무의 무소유법

반쯤 저물어 가는 가을 나무에서
지나온 계절의 숨은 눈물을 봅니다
햇살 너무나 길어져 붉게 글썽이던
바람 끝없이 거세져 노랗게 핑 돌던

가장 높은 명도로 반짝일 때
색도 무게도 놔 버리는 나무
물그림자마저 비워 몸 닫을 시간
묵언 수행 중인 노승의 빈 몸을 봅니다

시작을 물고 있는 끝, 나이테 한 바퀴
유한의 생존 속에 흐르는
무한의 우주 질서입니다

그 흐름의 모퉁이에 선 나무처럼
삶의 한 모퉁이 문득 꺼질지라도
이별을 슬퍼하지 말아요, 그대
소멸을 거쳐야만 다시 켜질 새 생명
늦가을 나무에서 무소유를 배웁니다

마지막 벚꽃 연가

봄 하늘 보라고 길을 연 벚꽃
꽃잎 한 겹 한 겹 속살 풀면서
봄빛 연가 부르던 그곳

봄은 꽃이 쓰는 시(詩)
시는 마음에 피는 꽃
흐르는 시간 따라 꽃 저물어도
선명한 채 여전히 두근거릴 시

바람 따라 흩날리는 꽃잎
꽃잎 따라 흩날리는 향기
마주 보는 연인들 흔들림 없이
어둡고 시린 시절에도 밝게 꽃피웠으면

감정 따라 피어나지 못한 청춘
창백한 인연, 묶인 시어(詩語)들 벗어
꽃잎처럼 혈색 찾아 맘껏 날렸으면
흔들리지 않을 마지막 연가로 피어났으면

발을 위한 서시

휴! 손발 모두 다섯이야
태생 직후, 몸의 첫 검증
서툰 첫걸음마의 기쁨을 보는 건
성장의 가장 숨죽인 지표였다

발길의 방향과 동선 따라
수년간 누적된 달력과 거리들
시간의 발자국들이 엎드린 채
시대를 함께 걸었던 밑바닥 표정과 감정

발밑에 깔려 식어간 작은 생명과
인기척에 놀라 파괴된 안식처
밑동 쪽 나이테의 언어를 들여다본다

발바닥에 모인 핏줄과 근육 부위별로
인체의 기관을 가리킨다는 진리
더럽고 낮은 것의 대명사가
건강과 미(美)의 중추를 이뤘다니

눈비에는 온통 젖어있으면서도
안쪽을 걱정하는 집의 하체처럼
잎과 가지의 안부 살피던 나무의 밑동처럼
어머니가 되어 지켜 주고 있었다니
머리 아닌 발로 온 뒤늦은 깨달음에
발은 어느새 심장인 듯 뛰고 있다

내 마음의 가을 들판

떠나는 것들이 문득 서러워져
바람 되어 먼저 돌아서고 싶은 계절

초록빛과 여름 소리가 돌아섭니다
찬란했으나 너무 길었던 햇살도
가을비에 흔들려 가늘어집니다

홀로 서야 단단해진다지만
남은 아픔이 깊을 걸 알기에
간절하게 그대 다시 불러 세웁니다

가을 들판은 익은 것들만
황금빛 결실로 떠나보냅니다
아직 떠나보낼 수 없는
가슴속 들판의 덜 익은 이름 하나

어쩌면 영원히 풋풋한 채 그 들판 지킬,
레테*의 강을 건너도 잊을 수 없는
가을 눈물 같은 마지막 사랑이여

*망각의 강 레테(Lethe) : 그리스 신화에 나오는 죽음의 5대 강 중 하나로, 영혼은 레테를 지나면서 과거의 기억을 모조리 잊게 되고, 새로운 존재(영혼)로 거듭나게 된다고 함.

별명 대방출

자칭 덜렁이
마음이 편해진다 집 안팎에서
실수에 걸터앉을 불안한 흔적이 두려워
꼼꼼한 나, 철저한 나는 미리 버린다

덜렁 공주, 대충 공주, 뚝딱이 공주
놀순 공주, 천재 공주, 근육 공주
동선마다 파생어까지 자라는 별명이지만
공주 접미사 쿠션으로
바닥에서도 튕겨 오르니 괜찮다

마음에 남은 별명 불어넣어서
두려운 마음, 타인의 시선까지 불어넣어서
일부러 놔 버린 풍선
올라가다 기압이 느슨해지는 그곳
한없이 커지다가 뻥 터져버릴 풍선

별명들이 날개 다니 새로운 생명으로 훨훨
하나둘 터트리니 한없이 자유롭다

말 속에 내리는 눈(雪)

"보고 싶다"
마음의 지층을 흔드는 말 한마디
침묵으로 우두커니 쌓여가던
긴 시간의 바닥이 한순간 무너진다

그 말속에 숨어있던 공간이 열리니
빈 하늘에서 내리는 수많은 그대
가슴에 묻어둔 하얀 편지로 펑펑
수천 송이 그리움으로 소복소복
둘 사이에 멈췄던 강물도 다시 흐른다

먼 나라 설화(說話) 같은 사연들이
하얗게 피어나는 그 아득한 설화(雪花)
흐르다 승천한 그리움들 떠돌다가
응결된 숨결 한꺼번에 쏟아지던 밤

가슴에서 풀려난 보고 싶다는 말
푸른 고독을 앓고 난 하얀 말 한마디
어떠한 섭섭함도 각을 풀고 부서진다
둘의 경계를 모두 지워버리는 그 말
"보고 싶다"

바람이 가는 길

아침마다 새소리와 함께 어둠을 열어
산의 푸른 정기 실어 나르는 바람
웅크린 꽃 향 꺼내 퍼뜨리는 신의 손길

나뭇잎들의 푸른 노래 전하려
실의에 찬 표정마다 찾아가
발뒤꿈치에 반동을 주고
힘들었던 동선을 토닥이는 동반자

너무 강해 일어설 모든 힘도 앗아가지만
힘이 모조리 해체된 상실의 빈터에서
다시 일어설 힘도 아낌없이 주는 모성

긴 동토(凍土)에서 계절의 등을 밀어
새로운 풍경을 밝혀주던 그대
밀었다 당겼다 뭉쳤다 풀었다
구름을 손에 넣어 날씨의 귀를 잡고
인간들의 감정까지 맘껏 조율하다니

오늘도 마음으로 불어온 바람
또 한 송이 풍경으로 피어납니다

모로코, 파랑의 파랑(波浪)*

태양보다 먼저 눈뜬 파란 수평선이
파도보다 한발 앞서 하루를 켠다

옛 왕궁이나 모스크 안쪽까지
파랑(blue)의 파랑*으로 넘실거려
젖은 맨발로 걸어 나온 바다
전시장 벽면에도 종교처럼 굳건히 걸린

거리의 전시 마당에도
그림이나 옷, 그릇으로도 스며들어
푸른 눈의 그처럼 응시하는 바다

백색 건물의 대문이나 창문에도
직각으로 기다리는 지중해의 빛깔
잠들지 못하는 파랑(blue)의 유랑

흰 린넨 옷, 파란 스카프 두른 여행자
그곳 떠나와도 가끔 길 벗어나
여전히 순례 중인 파랑의 파랑*
모든 출구는 파랑의 파랑*이 아닐까

＊파랑 : 바람에 의해 생긴 수면상의 풍랑(風浪)과 풍랑이 다른 해역까지
 진행하면서 감쇠하여 생긴 너울.

제5부

저물지 않을 시절의 이름들

책

퍼 올릴수록 맑아지는 샘물이다
말없이 지켜보다 철학 한마디 던지시는 아버지다
하소연 들어주다가 모든 걸 감싸주는 어머니다
그 계절만의 색깔과 산소를 내주는 나무이다
수많은 선각자와 스승이 공존하는 숲이다
숲의 변화를 다 지켜본 역사다

물

끝없이 떠돌지만 질량을 철저히 지키는 순례자이다
아래를 향하는 겸손과 아무것도 움켜쥐지 않는 무욕이다
천의 얼굴을 가졌어도 본성은 늘 한결같은 순수이다
홀로 또는 같이 서로의 생을 살리는 조력자이다
삶의 마지막까지 함께할 숨결의 동반자이다

저물지 않을 시절의 이름들

옛친구들의 이름을 불러본다
하나하나 정겹게 떠오르는 얼굴들

이름마다 아련하게 숨은 추억
설렘과 아픔과 부끄러움
장난기와 섣부름과 청춘

꿈의 빛깔도 속도도 여정도 다르지만
함께 기억하는 그 풍경 그 마음 따라
원형으로 하나 될 줄 아는 든든한 친구들

각기 다른 길을 제 빛깔대로 걷다가도
서로 걱정해 주고 응원해 주는 친구들
연초록 이파리에 스며든 햇살과 바람처럼
살랑이며 머물다 가는 이름들
영원히 저물지 않을 우리들의 그 시절

오르골* 속 시간

태엽을 돌려 감은 과거가
현재로 풀려나오는 오르골

머물러 숨죽였던 추억 반 박자씩
돌린 만큼 음표로 쏟아져 나온다
화음도 없는 외길이지만
터질 듯 투명한 선율이 불러낸 시간

끊길 듯한 단조곡의 파장이
너의 숨결과 체온으로
이리 푸르게 불어오다니

닫혀 굳어버린 추억 돌려본 만큼
우리가 함께한 시간으로 열린다
애절하게도 하염없이
詩로 돋아 피어나는 너

고였던 경계가 허물어지니
갇힌 새들 포르릉 포르릉
금 밖으로 날아오른다

우리가 만날 수 있는 시간이 사는 그곳
언제든 돌아가고 싶은 곳, 오르골 속 만남

*오르골은 태엽이나 전동기 등의 자동 장치를 이용해 음악을 연주하는 기계. 뮤직박스(Music Box)라고도 불리며, 네덜란드어로는 '오르겔(Orgel)'이라고 함.

투명한 물의 뼈, 눈부신 얼음 파도
— 시코츠호 얼음 파도 축제*

고요한 호수의 푸른 물결
누워있는 물을 일으켜 세우니
빙점 아래로 내려가면서
곡선과 입체로 살아남는다
변신의 시린 통점마다 피어난 꽃

하늘마저 얼어버린 냉기류 속
두근거리며 빛나는 저녁 어스름
하나둘 눈 뜬 빛깔 다른 조명 따라
몽환의 작품마다 눈 뜬 아찔한 눈동자들

투명한 물의 뼈, 눈부신 얼음 파도

흐르다 날다가 노래처럼
파도치다 멈춘 파장이 숨 쉰다
물고기들과 호수의 심장 소리 깃든
물의 또 다른 이름, 얼음 파도 축제

*시코츠호 얼음 파도 축제 : 홋카이도 국립공원 내 시코츠 호수에서 열리는 얼음 조각 축제.

치매, 시간 속으로 굳어가는

고장 난 시간, 풀어져 버린 공간
구멍 난 이름들, 표정이 덜컹거리는 추억들

수시로 붙었다 떨어졌다 하는
전구 필라멘트처럼 얇게 남은 가족
현관문 안쪽부터 불빛 식어가니
가족부터 먼저 어두워져 간다
세상 밖으로 나가는 여러 갈래 길
하나둘 흩어지고 헝클어진다

입 다문 채 말을 잃은 세월
윤기 빠진 시간과 초점 잃은 시간이 교차할 뿐

딛고 있는 시간으로부터 멀어져간
테두리 쪽 유년의 아우성을 열어보면
반딧불이 빛처럼 희미하게 날아다닐 뿐

온 삶에 끼얹은 석고 반죽이
틈도 없이 서서히 굳어간다
빛도 체온도 모두 스위치 내렸나 보다
밤의 호흡이 모든 바닥 놔버렸나 보다

그대가 불어온다

천 개의 시선으로 그대가 불어오니
어떤 길도 동맥이 어두워지고
그대에게 통하는 길만 살아 흐릅니다

이국의 설원에서 하얗게 부는 바람
잊혔던 계절이 생기를 되찾아
무채색 에너지를 모두 벗겨내는

밤이 내리면 깊게 뜨거워지는 바람
밤하늘 찬란한 폭죽과 조명 속
어둠에 가린 진주를 찾아내
서서히 다가오던 떨리는 숨결

맑고 푸른 호수에서 불어오는 바람
감성마다의 꼬투리 남김없이 열립니다
비 오면 빗속에, 눈 내리면 눈송이로
여전히 불어오는 푸른 체온과 응시

오르골, 유리종 소리로 불어오는 바람
몸 구석구석 빛깔 다른 음표로 내려앉아
삶을 통째로 흔들면서 스며드는 이름 하나

불어올 때마다
내가 그가 되고 그가 내가 되는
우린 서로를 향해 부는 바람이었나 봅니다

병상의 독백
— 다시 꽃피울 촛불로 일어서리라

의식이 몸 밖으로 걸어 나갈 수 없다
몇 년째 하얀 병실 안에서만 걷는 내 시선
온몸에 울음이 하염없이 돋아나도
지울 수 없는 마지막 웃음으로 박제된 표정

어찌하여 아이들 인생을 매는 올가미가 되어
원 밖으로 놔주기 전, 모든 게 멈춰버렸는지
안을 수도, 말 한마디 나눌 수도 없는 거리
어쩌다 사계절은 나를 비켜만 가고
길은 늘 어둠 속으로만 켜져 있는지

재잘대는 햇살처럼, 살랑거리는 바람처럼
감금된 이름을 벗어나고 싶다
뉘엿뉘엿 넘어가는 과거에서
두근거리는 현재로 건너오는 길
그 길 밝힐 촛불 하나씩 켜준다면

애야 봄을 애써 부르려 하지 말라
몸이 식물로 뿌리내리니 난 이미 봄이다
촛불 하나둘 모여 길 밝혀지는 날
이파리 맘껏 흔들며 맘껏 꽃 피우리라

눈 내리는 날, 지층 밖 시간 여행

소복소복 쌓이는 침묵의 메시지
놀이터에선 유년의 함성이 풀려나고
벤치엔 함께 나누던 체온이 풀려나고
나뭇가지에선 글썽이던 눈물이 풀려난다

그리움도 아픔도 적힌 시간이 보낸 편지
창밖엔 갖가지 사연이 펑펑
우리가 함께 탄 시간 여행도
다음 역으로 하얗게 펑펑

밤새 뜬눈으로 내린 눈
지상의 모든 시간까지 덮고
시간의 지층 속 웅크린 추억들
가슴마다 설화(雪花)로 피어난다

지층에 고인 시간 속에서도
지층 밖 흐르는 시간 속에서도
여전히 그리움으로 내린다면
서로 꺼지지 않고 흐르는 인연 아닐까

상복 입은 교육
— 서이초 교사 죽음을 애도하며

생활지도로 묶였다 업무로 묶였다
관계로 묶였다 숨이 묶였다
점차 기울고 있는 결박된 교육 현장

교사의 생명선은 손바닥 아닌
학생, 학부모와의 인연설로 결정된다는

피해를 주는 인권의 털끝을 지키려
다수의 학습권이 침해당해도
생활지도는 팔 잘린 토르소일 뿐
절벽까지 몰아세운 갑질 유전자
꿈속까지 스멀거리며 따라갔나 보다

울타리 없는 교권은 우울증으로 어두운데
숨통 쥔 다른 두려움이 삶의 경계 또 벗는다
49재를 하루 앞둔 또 다른 비보
시대의 상처와 아픔이 하얗게 꽂힌 조화행렬
말 잃은 인파 속 눈빛들 갈 길 잃는다
잇단 죽음의 하소연으로 멈춰진 공교육

외면했던 울타리 언제 제대로 세우려나
상복 입은 교육은 어디로 가야 하나

제자들의 손 편지

해마다 받아왔던 손 편지
스승의 날이나 학년말 어김없이
출근했을 때나 하교 때 간혹
살짝 손에 쥐여주거나 책상에 놓인

말갛게 눈 뜬 옹달샘에
바닥과 하늘까지 드러나듯
어린 힘으로 정성 담아 눌러쓴 마음들

감사해요 존경해요 못 잊을 거예요
친절하게 이해하기 쉽게 가르쳐주셔서
격려와 용기를 주고 칭찬해 주셔서
언제까지나 기억할 거예요 선생님

뭉클

힘들 때마다 마음을 위로해 주던 편지
가르친 보람이 혈관을 세워주던 장면들
낱낱이 떠오르는 삶의 주인공들
중·고등학생, 대학생, 직장인까지
아련해지는 얼굴들 지금은 어디만큼일까

눈빛, 음성, 표정, 말투 하나하나
언제까지나 잊지 않고 응원하마

내 웃음 무료로 나눠드립니다
— 故 뽀빠이 이상용 선생님의 천상 안식과 평화를 빌면서

내 나이테가 새겨진 웃음을
무료로 나눠 드립니다
세월 속에 잃어버린 표정과 감각을
유머로 가볍게 두드려 주는
웃음이란 처방을 내려 드립니다
무거운 시대의 그늘에서 벗어나게요

깊어지던 강물의 속울음도
햇살 받을 땐 윤슬로 반짝이듯
함께 마음 놓고 웃는 동안에는
저음으로 가라앉은 번뇌도 잠시 솟구치지요

가장 세찬 폭포의 허벅지에서
지느러미로 나침반을 바꾸는 찰나
강한 생명력으로 급류를 거스르는 연어처럼
잠시라도 시간 거꾸로 올라가 봐요
폭포에서 희망의 무지개 찾아봐요

계절마다 온몸으로 맞은 바람의 흔적
암갈색 애환일랑 내 가슴에 묻고
아낌없는 웃음을 선물로 드릴게요

누구든 가지고 태어난 웃음이란 영약(靈藥)
한 방울씩의 윤기를 자꾸 터뜨려 봐요
정색하는 말보다 해학과 유머가 때로
각과 모서리를 발 빠르게 지워줘
폭포도 세월도 오를 수 있답니다

혹여 인생길 돌아서더라도
눈물 한 송이 대신
웃음 한 다발로 피어나시길

내 웃음 무료로 나눠 드립니다

- 시작 노트 : 이 시는 故 이상용 선생님의 입장이 되어 이런 말씀을 남기고 싶으실 것 같아 쓴 시입니다. 웃음을 잃지 않고 살아가려는 분들께 희망을 가지고 살아가시라고 모두 웃으면서 살아가자는 메시지를 담았습니다.

봄 햇살로 흐르는 식사비

십여 명 시인들의 뒤늦은 점심 식사
비틀어서 어렵다고 한 방 맞아
짙푸른 멍으로 눈 뜬 그대의 시(詩)

감정 흐르는 대로 쓴 시인데도
은유가 부른 독자와의 먼 거리로
사죄의 식사비를 자청한 그 시
강편치 날린 죄로 서로 내겠다는 웃음의 날개
연분홍으로 번져갔을까

옆자리에 홀로 식사하던 청년
문인들 식사비 말없이 내주고
봄 햇살만 남기고 떠난 이여

그대의 시만 알고 있는 식사비 낸 이유
시인들 가슴마다 찰랑거리는 강물 위
투영된 봄 햇살 되어 내내 따뜻하다
시도 그렇게 모두에게 흘러들었으면

• 시작 노트 : 서울 은평구 '불광동 청년 순대국집'에서 10여 명의 시인 식사비를 조용히 내주신 진정 아름다운 분께 감사드리며(2024. 3. 13. 오후 2시~3시쯤).

제6부

산티아고 순례, 길에서 배우는 길

산티아고 순례 여정

아래 자료는 산티아고 순례 도전하시는 분께 약간이라도 도움을 드리기 위해 실제 다녀온 경험을 바탕으로 한 정보 제공용 시(詩)로, 남은 시는 다음 시집에도 게재할 계획입니다.

- 기간 및 출발 & 목적지 : 2023년 4.6~5.8.
  (프랑스 생장~스페인 산티아고 대성당)
- 이동 거리 및 기간 : 총 800km 33일, 1일 약 25km
- 이동 수단 : 도보 30일, 택시 및 기차 3일
- 배낭 운반 : 동키 서비스* 활용(첫날 이후)
- 이전 이후 코스 및 교통편:
  - 2023. 4. 4. 프랑스 루르드 성지
  - 2023. 5. 9. 순례길 0km 표지석 소재지, 아름다운 대서양 해안을 낀 묵시아, 피스테라(렌터카)
  - ~ 포르투갈 파티마 성지, 리스본(버스),
  - ~ 북아메리카 모로코(비행기, 모로코 내에서는 렌터카)
  - ~ 스페인 론다(페리호), 말라가(버스)
  - ~ 파리(비행기)

*동키 서비스 : 옛날 당나귀가 순례자들의 짐을 날라 주어서 유래된 서비스로 순례길에서 할 단위로 짐을 옮겨주는 스페인의 하코트렌스(Jacotrans).

산티아고 순례, 길에서 배우는 길

돌멩이 가득한 자갈길은
어떠한 유혹에도
흔들림 없이 더 단단해지라는

높은 산 물기 고인 흙탕길은
나무들이 머금었던 물의 시원(始原)
계곡에서 바다로 이르는 동안
품 넓어진 만큼 널리 이롭게 하라는

초식동물 똥이 징검다리로 놓인 길은
생명 이어갈 에너지원의 순환이니
하찮고 불편한 것일지라도 무시하지 말라는

지도에 예고되지 않은
뜻밖의 내리막길을 만난다는 건
뜻밖의 오르막길도 품었으리라는
숨은 뜻을 예견하라는

거친 풍랑처럼 문턱을 높여도 주지만
쉼 없이 해법을 찾는 자에겐
열쇠를 선명하게 쥐여주는 길

길은 그 자리에 멈춰선 채
걷는 자에게만 가르침을 주는 듯해도
스스로 끝없는 변화를 주며 가르치는
먼 인생길의 속 깊은 스승

멀고 힘들지만 포기 않고 가는 길은
푸른 생명력 뿜는 진리로도 솟고
절체절명의 순간 한 줄기 바람으로도
간절한 선물처럼 찾아오는 것을

오늘도 길에서 길을 배운다

순례길 출발
— 피레네산맥, 국경을 넘다

앞 풍경은 웃는 봄꽃
뒤 풍경은 하얀 설산
두 계절을 동시에 딛고선 피레네산맥
평면으로만 누워있던 버킷리스트
입체로 걸어 나온 그곳 풍경

프랑스 생장에서 시작된 순례길
나폴레옹 루트*로 엎드린 채 부른다
배낭에 기대 누우면 함께 따라 눕던 이국의 풍경
꿈인 듯 따라오는 파란 하늘 맑은 구름 몇 조각

순례자용 노란 화살표 따라
감각이 사라져가는 다리의 무게지만
발걸음마다 힘을 줘 본다
나폴레옹이 건넌
그 기울기에, 그 위대한 서사에 맞춰

산 중턱 알베르게*가 마음 흔들지만
하루 만에 국경 넘어 스페인 땅 밟으리라
한 걸음 디딜 때마다 한 아름 벅찬 풍경
설산도 겨울의 뿌리 털고
연초록 맨발로 웃으며 맞는다
연이은 오르막길이라도 올라가 보자

혈관과 신경계 질서도 잠시 엉켰는지
파스 바른 허벅지에도 종아리에도
또 다른 심장이 박힌 듯 두근두근
겨울 햇살처럼 희미해진 의식마저도
유년의 창문 틈 겨울바람처럼 넘나드니
의식을 붙들고 또 붙들어 본다

한강 한 달 걷기 훈련 기억도 흔들거려
심한 파동으로 자꾸 터지려 하는
의식과 무의식의 경계 수면

'지켜주소서' 몇 번이었던가
미래의 두려움도 불안도 깨고
맞서 보리라, 이겨 보리라
바람도 잠시 쉬어가는 국경
상기된 발그레한 세포로 곳곳에 눈 뜨는
굵게 충분히 자란 내면의 힘

정상을 딛고 후들거리는 하산길
멀리 소리와 불빛들이 노래하는 곳
국적은 달라도 모두 한마음이었나
없던 숙박 공간도 따뜻하게 마련해 준
순례길 첫 숙박, 론세스바예스 알베르게*
그곳 사람을 본다 사랑을 본다

*나폴레옹 루트 : 산티아고 순례길 코스 중에서 생장 피드 포르에서 출발해 산티아고 데 콤포스텔라로 가는, 일명 '프랑스 길'을 걷는 순례자들 대부분은 오리송(Orisson)을 지나 피레네 산맥을 넘는 루트를 선택한다. 이 '오리송 루트'는 피레네 산맥의 높은 경사를 타고 넘어야 하는 힘겨움이 있지만, 웅장한 피레네 산맥의 풍경과 길을 따라 펼쳐진 울창한 활엽수림 때문에 순례길에서 가장 아름답고 감동적인 구간이라고 손꼽히는데, 나폴레옹 부대가 이베리아 반도를 침공할 당시 이 루트를 이용했다고 해서 '나폴레옹 루트'라고 불리기도 한다.
*알베르게 : 스페인어로 '보호소'라는 뜻인데, 산티아고 순례길 마을 곳곳에 위치하는 숙박시설로 순례자들에게 잠자리와 식사를 제공함.

숲속 까미노*

숲속 사유 속으로
들어가는 길

내 삶을 채운 무게
어디쯤을 비워야 하나
쌓은 높이 어디까지
허물어야 하나

온전히 허물고 비워야만
사유의 공간은 자라나 보다

숲속으로 들어선 나
서
서
히
마음으로 들어선 숲

---

* 까미노(Camino) : 스페인어로 "길"이라는 뜻으로, 순례 그 자체를 의미하기도 함.

노란 화살표, 지상에 뜬 별자리

신의 검지인가, 새의 부리인가
순례길의 이정표 노란 화살표
늘 몇 발 앞에서 깜박이는 부호

횡단보도 건너서도 숲길 걸을 때도
늘 밝게 웃는 작은 민들레
새벽 미명에서도, 황혼 노을 속에서도
잠들지 않고 길 밝히는 희망의 등대

밤하늘 북극성처럼
늘 순례 방향을 알려주는 예언자
갈림길에서 못 찾을 땐
안갯속 외나무다리를 품었을지
낭떠러지를 품었을지
미지의 길이 주는 두려움을 깨고
혼미해지는 순례길을 밝게 여는 열쇠

저마다의 의미로 반짝이며
순례길을 이어주는 희망의 끈
지상에 뜬 노란 별자리

산티아고 숲길 로그인하다

그 숲길 발 디뎌 보면
정수리부터 로그인되는 나무로 걷는 나

새소리 음표마다 초록 물감 방울방울
층층이 스며 물드는 세포들
고요히 터트리는 산소 방울방울
혈관 타고 흐르는 계곡물 되어
무게도 거품도 남김없이 씻어준다

하나둘 부유물 놔 버린 의식이
깊숙이 외딴 숲길 찾으니
비로소 비어가는 감각의 통로

뚫린 통로 따라 햇살 드나들고
굳어가던 생각이 풀려 통통 튄다
통로 밖 바람도 한참 기웃거리다가
의식과 감각의 길마다 불어오는
깊고 푸른 숲길 로그인

치유의 숲

초록 바람으로 불어오는 숲 향
순례객 발길마다 따라와
어루만지는 세월의 아픈 얼룩

무릎과 발, 오감으로
겹겹이 우거지는 피톤치드
늘 푸른 날개로 따라오는 동반자는
청량한 새소리
마음속 구석구석 숲길로 열린다

모든 감각 열어 서서히 스며드는 것들
숲 향과 새소리 깊숙이 숨 쉬며
지나온 한평생이 치유로 접어든 숲속 까미노

웅크려 앉은 상처 난 세월도
구멍 난 시간의 늪을 빠져나와
활짝 밝아진 표정으로
그 길 함께 순례하고 있다

내 몸 보고서

내 몸을 자가 진단한다
각각의 부위별로 이상은 없는지
들여다본다 디뎌본다
두드려본다 낱낱이 제껴본다

봄 햇살이 밝게 열어놓은
뇌리, 감각과 기관, 피와 숨의 흐름까지
구름과 바람도 지령을 받아
속속들이 투시하면서 진단하나 보다
이 길을 얼마나 건강하게 걷고 있나
어떻게 살고 있고 어떻게 살아야 하나

진단 결과
내 몸 아직 어디에도 구김살 없음을
내 의식도 아직 생채기 없이 맑음을
앞으로 갈 이정표와 삶의 지표까지
또렷하게 세워간다는

한 달간의 800km 순례길
몸과 의식을 밝힌 진단서가
메세타 평원, 직진한 시원한 바람결
반짝이는 초록으로 나부끼고 있다

도착, 콤포스텔라 산티아고 대성당

국경을 넘고 대륙과 해양을 건너
대성당을 향해 혈관처럼 뻗어있는
결 다른 길의 지도, 까미노

수많은 순례자가 여러 루트에서
각기 다른 이유로 걷고 또 걷지만
그 지향점은 오직
산티아고 데 콤포스텔라 대성당

성경과 선교와 순례, 그 역사와 문화
성당 파사드와 내부, 드나드는 기류에까지
세기를 몇 번인가 넘어 거룩하게 쓰인
흔들림 없는 웅장한 대서사시

몇백 년을 잠든 파이프오르간은
접힌 시간으로 웅크리고 앉아
우아하고 신비로운 연주를 기다리고
신비로운 성경 이야기가 담긴 조각상
아름다운 곡선 풀어내 부조나 환조로
역사의 능선마다 질감과 윤곽을 엮어내는

가장 숭고한 이름, 숨도 멈추는 걸작
대성당의 못 그림자만큼이라도
신앙심도 깊어지고 심성도 넓어졌으면
평화로운 이 기류 온 세상으로 퍼져갔으면

가장 위대한 이름, 발

가장 낮은 곳에서
온갖 힘든 일을 하면서도
묵묵히 견뎌온 발
멀고 힘든 순례길
마침내 깨어난 새로운 이름

길을 돌아 길을 여니
디뎌 다가갈 때마다
어느 곳이든 새로운 의미로
신비롭게 열리는구나

한없이 미안하면서도
한없이 고마운 발
가장 위대한 이름이여
발의 가치 밝혀지니
세상이 다시 보인다

발에게 주는 상장

이 발은 가장 낮은 곳에서 태어났으나
어떠한 상황에서도 몸 바쳐 헌신해
다음과 같이 최우수상을 수여하고자 합니다.

첫째, 늘 주인 몸의 균형을 이뤄 직립보행의 후손임을
매 순간 증명해 줬습니다.
둘째, 무지외반증으로 발 안쪽 뼈가 살짝 튀어나와
곡선이 흐트러지긴 했으나 안정된 보행으로
주인의 품위를 유지해 주었습니다.
셋째, 멀고 긴 순례길에도
운동화 끈만 느슨하게 풀거나 발목 돌려 통증을 털면
5초 이내의 신비로운 회복력으로
언제든 고통의 싹부터 입 다물게 했습니다.

이 모든 삶의 역마다 정확히 도착하도록
묵묵히 견뎌준 가장 큰 공로를 세웠습니다.
가장 하찮은 듯하지만 가장 높은 발의 공로
감사하는 마음 가득 담아 이 상을 바칩니다.

2023. 5. 8.
산티아고를 다녀온 발 주인장

순례길의 바람

모든 뿌리 자른 바람이
몸통으로만 불어오는 날

민들레 홀씨가 뿌리를 버리니
바람에 날려 새 생명으로 뿌리내리듯
바람에 빈 몸을 맡겨본다

엉킨 실의 실타래 같은 인연
모두 놔두고
놔도 놔도 먼지 뭉치처럼
가라앉지 못하는 소유욕도 다 놓고
바람처럼 물처럼 흘러가 본다
가도 가도 끝없는 순례길을

바람의 이름으로 가는 그 길
그늘도 모두 삼킨 채 밝게 웃으며
순례 행렬 곳곳마다 맞고 있는
이름마저도 비운 들꽃

수많은 물음을 던지지만
해법도 함께 품고 있는 길
물에게 인생을 물으니
낮은 곳으로만 흘러 넓게 품으라 하고
하늘에게 물으니
푸른 곳으로만 흘러 멀리 감싸라 하네

길의 열쇠

길은 가능성이다 희망이다
수없이 많은 질문을 안고
그만큼의 열쇠를 쥐고 있는 길

지나간 땀의 깊이와 빛깔
절체절명의 순간들이 숨 쉬고 있는 길
고통과 절망도 있지만
생명과 희망의 나침반으로 돌려놓고
무거워지는 발길에 심어
반동의 리듬도 경쾌하게 뿌리내린 길

오르막길의 끝
보이지 않는 길 뒤엔 반드시
또 다른 오르막길을 숨겨둬
미리 힘 빼지 않게 하고
목적지 멀어도 내리막길에
빨간 지붕과 성당 종탑을
마을의 바지랑대에 높이 걸어두다니
희망이 보이면 거리는 기쁘게 단축되는 것

인생길 그와 다를 바 뭐 있겠나

제7부

감상 시
시(詩)에서 부는 바람,
바람이 열어준 시

시(詩)에서 부는 바람, 바람이 열어준 시
— 박철언 시인 제6시집 『바람을 안는다』 감상 시

그의 시에는 언제나 바람이 산다
파르스름한 연민이 가만히 반짝여
민들레처럼 낮고 여린 삶을 진맥하고
햇살로 비춰 새 희망 불러오는 바람

건너간 지 오래된 계절도 생생하다
멀어져간 그리움도 진행형이지만
대자연의 평온함으로 숨 쉬는 바람

정의라 여기던 멍든 기억은
수감 중인 그 시대를 온전히 벗어났을까?
평화를 위해 칼날 디딘 긴박한 맥박은
편안한 제 속도를 되찾았을까?

어지럽던 역사와 종교와 철학도
제 뿌리를 고요하게 잡아주는 시
오갈 데 없는 마음 쉬게 할
어머니가 언제든 기다려 주는 시
공감과 위로의 숨결로 다가와
어느덧 어깨를 토닥이는 시

바람은 이유 없이 불지 않는다
텅 빈 시선 찾아 위로하는 바람의 눈
그의 시에선 언제나 바람이 분다

흩뿌린 핏방울 모아 쓴 역사
— 뮤지컬 영화 '영웅' 감상 시

암울했던 시대를 찢는 노래
세대에서 세대를 건너온 독립운동의 공명이
관객의 가슴마다 피 울음을 뿌린다
블라디보스톡 자작나무 가득한 하얀 설원(雪原)
12인의 비장한 단지동맹*으로
흩뿌린 핏방울 모아 쓴 대한독립

작전명 '여우 사냥', 명성황후의 참혹한 시해
능욕의 역사를 본 궁인
적의 안방, 죽음의 칼끝에 선 채
시시각각 전달해 준 숨 막히는 동태

만방에 왜곡된 보도, 허울만 위장된 동양 평화!
이토 히로부미의 숨은 발톱 아래
짓밟히려던 동양 평화의 출구, 하얼빈역
그 검은 야욕에 총구를 겨누고
일본의 이마를 통쾌하게 명중하는
하늘을 가르는 일곱 발의 총성

조국 위해 바칠 목숨 항소로 구걸 말라던
어머니의 손 편지처럼
가장 당당하고 장엄한 죽음
독립된 역사의 햇살로 찬란하게 떠오른
빛나던 '영웅' 안중근

＊단지동맹 : 안중근 의사를 비롯한 12인의 동지들은 왼손 네 번째 손가락을 자르고 태극기 위에 '대한독립' 네 글자 혈서를 쓰는 단지동맹을 통해 독립운동에 헌신할 것을 결의함.

눈물 한 방울로 피어난 세상
— 정호승 시인 시집 『눈물이 나면 기차를 타라』 감상 시

하찮은 먼지, 모래, 쌀 한 톨이지만
따뜻한 시선이 켜지는 순간
신비로운 생명으로 꿈틀거리는 시

자연을 단순하게 스치는 듯해도
작은 감동으로 머물러 눈물을 꺼내어
그 속에서 진리의 뼈대 읽어내는 시

자연 속으로 투영되어
클로즈업으로 스며들다가
어느새 자연이 되어 감정을 쏟아내는 시

거침없이 혹독하고 무뚝뚝한 묘사로
인생에 뚜벅뚜벅 항의하기도 했다가
눈물 젖은 사유(思惟)로 눈물 젖게도 하는

공간 어디로든 빠른 이동으로
때로 그로테스크*하게 때로 대중적으로
어느덧 가까이 마주 앉는 시

*그로테스크는 원래 서양 장식의 한 형태로, 괴상하고 기괴한 이미지를 표현하는 것을 의미함.

녹슨 선율의 파란 눈물
— 팝송 센토* 감상 시

푸른 밤을 수직으로 강타하는 곡
세기를 건너뛰어 신화를 타고 온
오래된 팝송 하나, 센토

힘도 자부심도 종마*처럼 세지만
상체는 인간
인간의 눈물을 가졌지만
하체는 말

제 꿈을 알아주는 소녀를 사랑해도
산들바람 속 나란히 달릴 수 없어
인간 세계 너머로만 질주하는 눈물

곡의 파장이 바람으로 흐느끼니
5월의 꽃잎들 하르르 떨어져
가슴 한가운데로 심장(心葬)하다니

센토, 그 꿈의 높이를 넘어서야만
말과 인간의 경계 지워질 텐데
녹슨 선율의 눈물만 파랗게 흔들린다

---

*센토(The Centaur) : 1969년 Joanne Glasscock의 곡. 그리스 신화에 나오는 상체는 사람이고 하체는 말인 신화적 생물을 의미함. 소녀와 센토와의 이루어질 수 없는 사랑을 노래함.
*종마(種馬) : 보통 말의 번식을 목적으로 기르는 숫말을 일컫는 말.
*심장(心葬) : 가슴에서 장사 지내다. 저자의 신조어.

감정의 저편, 똘레랑스*가 읽히는 시
— 곽구비 시인 시집 『귀하의 가을은 안녕하신지요』 감상 시

모든 감각을 켜켜이 풀어헤치면서도
정작 내면의 슬픈 옹이는 그대로 쥐고 있는 詩
계절 내내 그 계절만의 표정과 아픔을
내장까지, 뼛속까지 들춰내면서도
자신은 털끝 하나 허투루 놔 버리지 않고
그 계절을 안단테로 다시 걷고 있는 詩

그 호방하면서도 맛깔스러운 어투로
이젠 바닥까지 다 내려놔도 괜찮다고 하고
마음을 토닥여 주는 유려한 문법으로
지친 마음 기대어 쉬어가게 하는 서사들

꽃은 꽃대로 피고 지는 듯해도
계절은 계절대로 여닫는 듯해도
그 꽃과 그 계절 속에
더불어, 혹은 단절된 시선으로 쓰는
따스한 고독으로 경쾌한 그녀의 詩

그 감성과 상상의 낯선 세계를
자유롭게, 때로 은밀하게 메타포로 교신하는 접점에서
그녀만의 똘레랑스를 읽어가게 하는 詩

*똘레랑스 : 관용, 자신의 이념과 신념이 귀중하면 남의 것도 똑같이 귀중하며 자신이 존중받기를 바란다면 남을 존중하라는 의미, 타자(他者), 타자성, 차이에 대한 존중과 서로 다른 가치, 믿음, 생각을 가진 개인 및 집단들 사이의 평화적 공존을 의미함.

곡선의 왼쪽, 무채색의 안쪽 온도
— 조성미 화가 열 돌 개인전 작품 '회상' 감상 시

색이 먼저일까 선(線)이 먼저일까
뛰어넘은 무수한 벽의 나이테

선이 봄날을 걷다가도
속도와 사유가 출렁이면
굵어지다가 끊길 듯이
과감하게 건너뛰기도 하는 춤사위

색의 테두리 벗어나
지상과 천상의 어떠한 경계도
해체해 버리는 붓놀림

텅 빈 충만, 화려한 고요
기억의 파편이 강렬한 스펙트럼 되어
한 줄기 바람으로 불어온다

곡선의 왼쪽, 무채색의 안쪽
더러 뜨겁고 더러 서늘한 채
채집된 온도가 스며들어
깊고 길게 빛날 이 화가만의 '회상'

＊인사아트프라자에서 개최된 조성미 화가 제10회 개인전 '삶이 꽃이 되다' 출품작 중 '회상'을 보고 강렬하게 인상에 남아 오픈식 축시로 낭송한 감상 시임.

머물러도 벗어나도 다면체로 빛나는
― Daisy Kim 시집 『올리브 숲』 감상 시

글이 가는 길은 제각각
이역의 언어에 둘러싸여
불안한 문장부호를 요구한다

모국어의 뿌리를 붙잡았기에
온통 기울어진 삶 속에서도
벽을 만나면 글의 길은 머뭇거림 없이
상공으로 날거나 바닷속으로도 유영하는 걸까

뿌린 언어의 씨앗은 발아되어
어디에든 눈을 달고 뻗어가는 넝쿨손
품사 역시 무엇이든 발을 달아
발자국으로 남기는 사유가 숨 쉬는 문장

은유가 단면 틈마다 파고들어도
주어진 시공 속에 갇히지 않고
이미지를 또렷하게 잡아내려
어떠한 울타리도 넘나들던 바람의 눈

상상의 왼쪽 날개는 허리케인까지 꺾고
하와이 해안 바닷길 연 민족의 혈통까지
낯선 두려움 속 눈물겹게 필사한다
머물러도 벗어나도 다면체로 빛나는 시

과녁, 금빛 무혈 전쟁의 심장
— 2024 파리올림픽 양궁 경기 감상 시

수직으로 응시하는 과녁을 겨눈다
바람의 방향과 강도를 미리 읽고
햇빛의 화살에도 차양을 쳐야 하는

피의 길도, 숨의 길도 한데 모으니
한순간 멈추는 호흡과 맥박
흔들림 없이 직진하는 수평만
과녁의 심장을 쏜다

수십 번 달이 차오르고 꺼지는 동안
수없이 그려온 과녁까지의 궤적
숨 고르고 숨죽여 수평 맞춘
또 다른 심장의 붉은 안쪽

대한민국 무기들의 함성, 양궁!
무혈 전쟁, 세상을 금빛으로 명중하다
그 땀방울이 가져온 포효와 함성까지
금빛 과녁으로 함께 명중하다

문, 입을 다문 벽
— '은둔형 외톨이' 뉴스 감상 시

문은 입을 다문 벽이었다
나갈 문은 어디에도 없었다
창살 같았던 학교폭력으로
마음에도 진로에도 온통 금이 간 나
친구들 사이에서 거품처럼 사라진 나

입구 차단기부터 번번이 외면하는 구직활동
벼랑 끝 고삐 잡아 벽 속으로 끌고 왔다
가상의 TV와 컴퓨터와 휴대폰
네모의 창 속에서만 살아나는 무한 자유
출구는 늘 밑바닥으로만 숨는다
같은 집에서 3년 만에 두 번 본 엄마
어김없이 벽이 먹는 말소리
갓 태어난 양처럼 후들거리는 외출
약육강식도, 가속 페달도 늪이었다
세상으로 난 문을 더 굳게 닫는 수밖에

명절에도 8년째 은둔형 외톨이
사각 속 사각으로만 층층이 파고든다
따스한 햇살이 불러내는 출구
늘 잠긴 게 익숙한 문, 언제쯤 열릴까

시린 시대 딛고 핀 봄
— 강진 문학기행 감상 시

벚꽃길 따라 동백꽃 길 따라
남도길 끝머리 강진에 피어난 봄

그윽하고 고요한 청자의 눈빛
정교한 무늬의 깊이마다 깃든 도공의 숨결
불을 견뎌낸 흙의 마지막 춤사위가
유려한 곡선으로 흐르는 상감청자

18년 유배지 회한과 좌절의 눈물 딛고
개혁과 실학의 꿈을 날개 달아준 사의재*
깊어진 학문의 모태가 된 다산초당
유배의 긴 겨울을 후대의 봄으로 꽃 피웠구나

섬에서는 출렁이더니 시비로 벽화로 일어서
영랑 생가 옆 풍요로운 모란꽃에 숨은 시
음악이 흐르는 투명한 詩에 일렁이는 감성
절필로 지조 지켜 봄으로 꽃 피웠구나

예술도 학문도 문학도
시린 무게의 무채색 겨울 깊이 품을 때
그 아픔 뚫고 비로소 영글어진 씨앗
지지 않을 봄으로 피어나나 보다

＊사의재(四宜齋) : 다산 정약용이 유배 초기 4년간 학문을 닦고 제자들을 가르친 꿈을 꾸게 된 터로 작용함. "생각과 용모, 언어, 행동을 올바르게 하는 이가 거처하는 곳"이라는 뜻. 이후 다산은 11년간 다산초당에서 500여 권의 책을 저술함.

시평(詩評),
시의 날개일까 지느러미일까
— 청람 김왕식 평론가 시평 감상 시

시인의 의도와 감정을 때로 시인보다 잘 읽어
새로운 통로와 방향을 이끌어 주는 시평
그 시만의 온도와 질량을 예측해 주고
시 속 향기가 퍼지는 길을 열어주는 시평

시의 촉촉한 안쪽을 뒤집어 주기도 하고
시와 연결된 대자연이나 관계의 끈 찾아
가닥마다 색깔과 속성을 진단하는 징검다리
시의 뼈대와 시인의 마음자리를 통찰하는 시평

우물 속 갇힌 시를
날개 달아 하늘로 비상하게도 하고
지느러미 달아 더 넓은 물속으로
마음껏 유영하게도 하는 시평

시평, 시의 날개일까 지느러미일까

문학세계대표작가선 1053

커피 한 잔의 고요가 깨어나면

정해란 제4시집

인쇄 1판 1쇄 2025년 6월 28일
발행 1판 1쇄 2025년 7월 5일

지 은 이 : 정해란
펴 낸 이 : 김천우
펴 낸 곳 : **문학세계** 출판부 / 도서출판 **천우**
등   록 : 1992. 2. 15. 제1-1307호
주   소 : 서울시 광진구 구의강변로 85 강우빌딩 7F
전   화 : 02)2298-7661
팩   스 : 02)2298-7665
http://cafe.naver.com/chunwu777
E-mail : cw7661@naver.com

ⓒ 정해란, 2025.

값 15,000원

＊도서출판 천우와 저자의 서면 동의 없는 무단 전재 및 복제를 금합니다.
＊저자와의 협의에 따라 인지는 생략합니다.

ISBN 978-89-7954-960-7